NOTICE

SUR

L'ABBÉ FÉLIX MAILLARD,

Vice-Président de la Société académique,

LUE A LA SÉANCE DU 21 MAI 1855,

Par M. DANJOU, Président de la Société.

BEAUVAIS,

IMPRIMERIE D'AUG. **FLOURY**, RUE SAINT-JEAN,

SUCCESSEUR DE M. DESJARDINS.

1855.

NOTICE

SUR

L'ABBÉ FÉLIX MAILLARD,

Vice-Président de la Société académique,

LUE A LA SÉANCE DU 21 MAI 1855.

Plus sont douces et sympathiques les relations qu'établissent entre les membres de la Société académique une mutuelle estime et le goût de mêmes études, plus sont douloureuses les pertes, trop malheureusement répétées, qui sont venues, depuis peu de mois, décimer nos rangs. La tombe d'un de nos plus regrettables confrères, M. Fabignon, bibliothécaire-archiviste de la Société, venait à peine de se refermer qu'un nouveau coup, non moins cruel et encore plus prématuré, enlève à la Société, dans l'un de ses Vice-Présidents, un des membres qui avaient le plus puissamment concouru à sa fondation et à son développement. La perte de l'abbé Maillard ne nous prive pas seulement d'un savant distingué, dont le mérite honorait notre Société et éclairait ses travaux, elle nous enlève un saint prêtre, dont les vertus sacerdotales et la vie toute de dévouement étaient pour tous une leçon vivante, et un homme de cœur, dont l'âme affectueuse et les aimables qualités avaient fait un ami pour chacun de nous. C'est sous ces traits que le souvenir de l'abbé Maillard restera gravé au fond de nos cœurs, et, en vous rappelant ici les principaux actes d'une vie si courte et toutefois si bien remplie, nous n'aurons à craindre que de rester, dans l'expression, au-dessous de vos souvenirs et de nos propres regrets.

La famille de l'abbé Maillard est originaire de Maisoncelle-Saint-Pierre, canton de Nivillers, où résident encore plusieurs de ses membres ; mais lui-même est né le 28 avril 1809, à Paris, où son père, capitaine dans la garde impériale, se trouvait alors pour son service. Il reçut au baptême les noms de Désiré-Martial-Félix, dans lesquels M. Maillard père semblait avoir pris plaisir à consigner l'expression de sa tendresse pour son fils et le secret désir d'une carrière illustrée par les armes. L'abbé Maillard est resté toute sa vie, et autant que lui permettait la sainte vocation qu'il avait suivie, fidèle à ce vœu présumé de son père.

Le capitaine Maillard eut à peine le temps de voir le fils qui devait si honorablement porter son nom, si même cette joie lui fut donnée. L'orage qui se formait sur le Danube appelait en Allemagne l'élite de notre armée. La garde impériale devait marcher au premier rang dans cette mémorable campagne où l'Empereur commandait en personne. Capitaine aux chasseurs à pied de la vieille garde, M. Maillard quitta la France, pour ne plus y revenir, dans cette même année 1809 qui lui avait donné un fils. Devenu ainsi, en quelque sorte, orphelin du vivant de son père, Félix Maillard fut placé chez son oncle, chirurgien à Saint-Sulpice, où il fut élevé et instruit de manière à être bien préparé pour une éducation libérale.

MM. Maillard, père et oncle de notre confrère, avaient eux-mêmes reçu une éducation plus soignée que celle qu'on donnait alors aux jeunes gens de la campagne, grâce à l'amitié et aux soins d'un oncle, d'abord professeur de rhétorique au collége de Navarre, et alors juge de paix du canton de Froissy, où il a laissé une mémoire justement honorée. C'est à la faveur de l'instruction qu'ils avaient reçue dans leur enfance, qu'ils étaient parvenus, l'un à se faire une position honorable dans l'armée, l'autre à exercer la profession libérale de médecin.

C'est auprès de ce dernier que le jeune Maillard reçut les premiers éléments d'instruction et apprit même assez de latin pour entrer, au mois d'octobre 1819, au collége de Beauvais, alors dirigé par le vénérable abbé Guénard.

Il est permis de croire que le séjour du jeune Maillard à Saint-Sulpice, pendant les premières années de son enfance, lui aura permis de profiter, pour sa culture intellectuelle et morale, du voisinage du château de Crécy qu'habitait alors M. Després, homme de lettres dont la bienveillance égalait le talent, et dont la haute intelligence aimait à se mettre au niveau de celle des enfants pour leur donner les plus attrayantes leçons de littérature, de science et de philosophie chrétienne.

Ceux qui ont connu l'abbé Maillard dans les dernières années de sa vie, et qui ont admiré sa singulière aptitude pour les sciences naturelles et son infatigable assiduité au travail, auront peine à croire qu'il n'ait pas été, dès l'origine, un élève appliqué et studieux. Nous croyons, cependant, remplir un devoir envers la mémoire de cet homme, si humble et si sincère, et nous associer à sa pensée en avouant que ses premiers pas dans l'éducation en commun ne répondirent pas à une supposition que la suite rend si vraisemblable. Félix Maillard avait puisé, dans le sang guerrier de son père, une noble, mais quelque peu fière indépendance qui se soumettait difficilement à un joug imposé, et voulait ne devoir qu'à lui-même sa fidélité à la règle. Sa foi ardente et son attachement sincère aux préceptes de la religion ne tardèrent pas à triompher de cette ombrageuse susceptibilité, et après quelques courtes épreuves, dont ses condisciples ont conservé un souvenir indulgent, le jeune Maillard devint un modèle de régularité, de douceur et d'application, et se plaça au premier rang dans une classe nombreuse et forte.

Après avoir parcouru avec distinction le cercle entier des études classiques, entraîné par une piété toujours croissante et par une impulsion généreuse, qui portait cette âme ardente à une vie de sacrifice et de dévouement, il résolut de se vouer au sacerdoce et entra, au mois d'octobre 1827, au grand séminaire de Beauvais.

Depuis le 18 juillet 1812, on n'avait plus reçu de nouvelles de M. Maillard père. On savait seulement qu'il était parti, pour la campagne de Russie, comme chef de bataillon au 2e régiment des chasseurs à pied de la vieille garde, et qu'il venait d'être décoré de la croix d'officier de la Légion-d'Honneur. Ce n'est que longtemps après qu'on apprit qu'il était mort du typhus, à Elbing, le 12 janvier 1815. Le jeune Maillard, plein d'admiration pour le courage dévoué de ce père qu'il eût peut-être voulu imiter dans ses vertus guerrières, embrassait avec enthousiasme une carrière où ne manquent jamais les occasions de porter le dévouement jusqu'à l'héroïsme, et c'était pour lui un bonheur dont il était fier de penser qu'il pourrait ainsi, dans une autre ligne, marcher sur les nobles traces de son père. Vous savez, Messieurs, s'il a failli à cette mâle vocation.

L'abbé Maillard fut reçu au sous-diaconat le 5 juin 1850, avant l'accomplissement des trois années entre lesquelles se partage l'instruction théologique. Il fut aussitôt envoyé comme professeur au petit séminaire de Saint-Germer, établissement qui a rendu d'éminents services au diocèse. C'est là qu'il commença à s'occuper sérieusement des sciences naturelles, où il devait plus tard se faire une place si brillante.

Au mois d'octobre 1855, il rentra au grand séminaire pour y terminer son cours de théologie et pour se préparer au sacerdoce. C'est alors qu'il reçut directement les leçons de l'abbé Poulet, cet homme si distingué sous tous les rapports, dont le rapide passage au milieu de nous a laissé une trace si lumineuse et si édifiante en même temps. Sous un tel maître, un élève tel que l'abbé Maillard ne pouvait manquer de grandir encore. Le maître et l'élève se comprenaient et s'aimaient. Autant l'abbé Poulet avait le don d'enflammer l'ardeur de ses élèves, autant l'abbé Maillard apportait de zèle et de sympathie aux leçons pleines de vie et d'inspiration de son jeune directeur. Sous cette féconde influence, l'abbé Maillard sentit s'accroître de jour en jour son innocente passion pour l'histoire naturelle. Zoologie, botanique, substances inorganiques, géologie, tout, dans cette vaste science, était l'objet des ardentes études du jeune diacre. Chaque jour, il résumait les connaissances acquises, conservant ainsi quelque chose encore de l'enseignement brillant et animé du savant professeur, dont les auditeurs se rappelleront toujours l'élégante et facile élocution, la lucidité parfaite et l'émotion contenue, qui donna un charme tout particulier à ses leçons, même les plus abstraites.

L'abbé Maillard fut ordonné prêtre le 6 juillet 1854. Il serait superflu de dire avec quels sentiments de haute piété, de zèle et d'abnégation chrétienne il accomplit cet acte solennel, par lequel il inaugurait la vie de dévouement à laquelle il se sentait appelé.

Au mois d'octobre suivant, il fut placé, sous la direction supérieure de M. l'abbé Marthe, à l'institution secondaire de Goincourt, qui, dans sa courte existence, a reçu un grand nombre de jeunes enfants appartenant à d'honorables familles de la contrée. Il ne resta cependant que peu de temps dans cette maison, d'où il fut envoyé à Saint-Germer quelques mois seulement avant la translation du petit séminaire à Saint-Lucien.

L'abbé Maillard resta attaché à ce grand établissement pendant dix-huit ans, sous la direction supérieure de M. l'abbé Bessières, de M. l'abbé Marielle, trop tôt enlevé à l'amour de ses élèves et de ses coopérateurs, et de M. l'abbé Rogeau, aujourd'hui doyen et archiprêtre de Noyon. Ainsi, l'on peut dire que la principale partie de la vie active de l'abbé Maillard fut consacrée au petit séminaire de Saint-Lucien. C'est assez faire comprendre quel attachement il avait pour cette maison, où s'étaient passées les plus belles années de sa vie, où son cœur avait lié d'étroites amitiés, et à la prospérité de laquelle il s'était en quelque sorte identifié.

Chargé spécialement de l'enseignement des langues vivantes et de l'histoire naturelle, il ne négligea ni travaux, ni voyages, ni sacrifices personnels pour se tenir toujours à la hauteur de l'enseignement qui lui était confié, et pour lui donner même des développements qu'on n'eût pas osé espérer. Ainsi, pour se rendre plus apte à enseigner l'allemand, il fit en 1841 un voyage de plusieurs mois à Munich, et en revint avec une connaissance plus solide et une habitude pratique de la langue qu'il sut mettre à profit dans ses leçons.

En professant l'histoire naturelle, il avait vivement senti la nécessité de mettre sous les yeux de ses élèves des types qui pussent les aider à comprendre ses définitions et à reconnaître les principaux caractères des êtres animés ou inorganiques qui faisaient l'objet de leurs études. Déjà ce besoin avait été senti par un autre ecclésiastique, dont le nom se rattache aux meilleurs souvenirs de la Société académique, l'abbé Pinart, collègue et intime ami de l'abbé Maillard. Mais les ébauches de collections qu'il avait formées étaient loin de répondre à ce qu'il voulait lui-même créer, et l'abbé Maillard, chargé à son tour de l'enseignement des sciences naturelles, désirait vivement pouvoir appuyer ses leçons sur des collections plus variées et surtout plus complètes. De ce désir au projet de créer un véritable cabinet d'histoire naturelle, il n'y a qu'un pas, et ce pas fut aussitôt franchi par l'ardent et dévoué professeur. Toujours soutenu par la confiance et l'amitié de son supérieur, M. l'abbé Bessières, l'abbé Maillard réunit rapidement de nombreux échantillons de tous les règnes, fit construire des vitrines et organisa, dans une salle haute du petit séminaire, un cabinet d'histoire naturelle, qui peut être cité comme un modèle pour l'heureuse disposition du local et la distribution méthodique des objets.

Une telle entreprise était bien lourde pour un établissement encore nouveau, dont les vastes constructions étaient à peine terminées, et qui, par la nature même de sa destination, ne pouvait s'appuyer sur des recettes bien considérables. L'abbé Maillard comprenait cette immense difficulté ; mais il sentait encore plus vivement la nécessité de ses collections pour le succès de son enseignement, et l'importance de cet enseignement dans l'intérêt de ses élèves et de la religion elle-même ; aussi ne recula-t-il devant aucun sacrifice pour accomplir cette partie essentielle de l'œuvre à laquelle il s'était voué avec toute l'énergie de son dévouement. Il y consacra jusqu'à son modeste patrimoine, et, sans s'inquiéter de l'avenir, tout entier au désir d'assurer à ses élèves une instruction solide et complète, il parvint à créer l'une des plus belles collections de ce genre que nous connaissions.

Mais pour parvenir à ce résultat, combien ne lui fallut-il pas de zèle et de persévérance. Non content de recueillir par lui-même et avec le concours de plusieurs de ses amis, les productions naturelles de notre contrée, il se mit en communication avec des savants étrangers pour en obtenir, soit par voie d'échange, soit à titre d'achat, les types que la France du nord ne lui fournissait pas. Déjà rapproché par la communauté d'études des savants professeurs du jardin des plantes, il reçut de ce grand établissement une riche collection de moulages en retour d'une belle dent de mastodonte qu'il donna au muséum d'histoire naturelle. Dans le même temps, il apprit qu'une intéressante collection d'histoire naturelle était en vente au Havre. Il s'y rendit avec empressement et fit l'acquisition de ce beau fond, qui donna immédiatement une large base au cabinet d'histoire naturelle de Saint-Lucien, création qui assure à l'abbé Maillard la reconnaissance de toutes les générations d'élèves qui se succèderont dans cet établissement et de toutes les personnes qui s'intéressent au progrès de la science.

Vers la même époque, l'abbé Maillard, toujours occupé des moyens de favoriser les progrès de ses élèves, rédigea, à leur usage, un petit traité d'entomologie, qui a été imprimé en 1850.

Ces utiles et importants travaux avaient mis l'abbé Maillard en relation avec les savants les plus distingués de notre époque. M. de Blainville, qui avait apprécié son mérite, aussi solide que modeste, l'honorait d'une amitié que l'abbé Maillard sut faire tourner au profit de la Société académique, en lui procurant l'adhésion du célèbre académicien. Il s'était lié en même temps, d'une manière toute particulière, avec M. l'abbé Maupied, ami et collaborateur de M. de Blainville, ainsi qu'avec M. l'abbé Moignot, dont on connaît la pénétrante et savante sagacité. En dehors de la France, il avait des relations suivies avec le savant M. Prestwich, l'un des membres les plus distingués de la société géologique de Londres, qui aimait à visiter avec lui notre précieux musée Graves. A sa dernière visite, en 1854, M. Prestwich était accompagné de M. Edw. Forbes, président de la société géologique de Londres, et de M. W. H. Fitton, membre de la même société, et fit avec ces Messieurs, sous la conduite de l'abbé Maillard, une excursion savante dans la contrée, si favorable aux recherches géologiques, dont Beauvais est le centre. Ces honorables relations avaient donné à l'abbé Maillard une réputation de science à laquelle son humilité n'aspirait nullement, mais dont personne ne contestera la légitimité. Il ne chercha jamais à en tirer parti que dans l'intérêt de la science et de la religion, et pour la prospérité de la Société académique.

Bachelier ès-lettres depuis 1838, l'abbé Maillard n'avait d'abord enseigné que les lettres et les sciences naturelles. En 1844, la retraite du professeur de mathématiques laissait une lacune importante et difficile à remplir immédiatement. L'abbé Maillard, qui s'était livré avec autant d'application à l'étude de cette science qu'à celle des premiers objets de son enseignement, était tout préparé pour ce nouveau service. Il en résultait seulement pour lui une augmentation de travail, qu'il accepta avec son dévouement ordinaire, et, dans ses nouvelles fonctions, il répondit dignement à la confiance de ses supérieurs.

Soutenu par son zèle au milieu de ces travaux absorbants et de ces généreuses fondations, l'abbé Maillard cédait aussi à l'attachement très-vif qu'il portait à ses élèves. Il en recueillit la plus douce récompense dans l'amour sincère de ces jeunes gens pour un professeur en qui ils trouvaient toujours un ami, et dont le cœur aimait à s'épancher avec eux. Son âme ardente et sympathique avait été facilement comprise par leur propre franchise. Ils savaient très-bien que s'il était dans ses fonctions l'inflexible gardien de la discipline et des études sérieuses, personne ne lui portait un intérêt plus tendre et un dévouement plus complet, et là se trouvait la source de l'influence puissante qu'il exerçait sur ses élèves, et qu'il conserva jusqu'à la fin sur eux, dans les diverses carrières qu'ils ont embrassées.

C'est à cette époque, la plus heureuse peut-être de la vie de l'abbé Maillard, que, de concert avec son ami, l'abbé Pinart, il fonda à Saint-Lucien, dans l'intérêt des études d'histoire naturelle, une société, formée de ses collègues dans l'enseignement et de ses anciens élèves, qui se fondit immédiatement avec le comité archéologique pour former la Société académique. C'était dans le courant de l'année 1847 que se réalisa cette heureuse jonction, qui nous a donné de si bons confrères et a si puissamment contribué à nos progrès et au développement de notre œuvre. A partir de ce moment, l'abbé Maillard se rangea immédiatement au nombre des membres les plus actifs et les plus zélés de la Société.

Il était aisé de voir combien il avait pris au sérieux les devoirs que lui imposait la qualité de membre et de fondateur de notre association, et l'on peut dire qu'il s'était fait, en quelque sorte, une affaire personnelle de la prospérité et de la gloire de cette compagnie. Nommé secrétaire de la section des sciences naturelles, il ne crut pas devoir se borner à la rédaction des procès-verbaux, travail dans lequel il se distingua par l'exactitude et la lucidité, en même temps que par l'élégante simplicité et la convenance parfaite du style, et il sut joindre à ce travail essentiel la rédaction de nombreux mémoires toujours entendus avec intérêt à nos séances, honneur et ornement de nos bulletins. Nous nous bornerons à citer ici la savante *Etude géologique sur la vallée du Thérain et sur celle de l'Avelon*, insérée dans le bulletin de 1847, qui se distingue par des vues générales d'un haut intérêt sur la formation des vallées; un *Rapport sur l'origine et les progrès de la section des sciences naturelles pendant la présidence de M. l'abbé Pinart*, et une *Note sur l'origine géognostique des eaux de Beauvais.*

Non content d'enrichir nos mémoires de ses savants travaux, l'abbé Maillard ne négligeait ni soins, ni démarches pour étendre et affermir notre institution et pour lui faire réaliser des progrès incessants. Grâce à son active influence, le nombre de nos confrères n'a cessé de s'accroître et de nous amener le concours de savants distingués ; d'utiles et honorables relations furent établies avec d'autres sociétés savantes et avec des savants étrangers. Toujours fidèle à ses premières affections, il avait obtenu de la Société l'autorisation d'amener à ses séances quelques-uns de ses élèves les plus studieux, mesure qui, en donnant à ces jeunes gens un honorable encouragement, leur apprenait à apprécier les associations créées dans l'intérêt de la science, et les disposait à prendre part, dans la suite de leur carrière, à des travaux dont ils avaient pu déjà apprécier la valeur.

Les services éminents rendus à la Société académique par l'abbé Maillard inspirèrent à ses membres la pensée unanime et spontanée de lui donner, dans un titre nouveau, un haut témoignage d'estime et de reconnaissance. L'abbé Maillard fut nommé Vice-Président pour la section des sciences naturelles, en remplacement de l'abbé Pinart, enlevé brusquement aux sympathies de ses confrères par une foudroyante maladie. C'est en cette qualité que l'abbé Maillard eut l'honneur de présenter la Société académique à S. M. l'Empereur, alors Président de la République, le 6 juillet 1851, le Président de la Société ayant été, comme vous le savez, privé du plaisir de se trouver au milieu de vous par le devoir qui le retenait au sein d'une autre compagnie.

Les élèves du petit séminaire et de quelques autres maisons d'éducation exécutèrent, le même jour, pendant les cérémonies qui accompagnèrent l'inauguration de la statue de Jeanne-Hachette, une cantate composée *ad hoc* par un musicien célèbre, le Ch^{er} Sigismond Neukomm. C'était l'abbé Maillard, resté anonyme, qui en avait composé les paroles.

Dans cette même année 1851, Monseigneur l'Evêque de Beauvais, juste appréciateur du mérite et des services rendus, donna à l'abbé Maillard le titre de Chanoine honoraire de la cathédrale.

Dès cette époque, la santé de l'abbé Maillard éprouvait une altération sensible, et ses amis, sans prévoir que ces premiers symptômes étaient les précurseurs d'une fin cruelle et prochaine, s'alarmaient de l'affaiblissement visible qui se manifestait en lui, et lui conseillaient de s'occuper enfin de lui-même et des soins que paraissait réclamer une santé épuisée. Des pertes successives et éminemment regrettables, dans les rangs du clergé, avaient laissé des vides déplorables dans les établissements diocésains. Une refonte générale eut lieu dans l'administration du petit séminaire de Saint-Lucien, et, par suite de cette réorganisation, l'abbé Maillard fut envoyé, en octobre 1852, à l'institution de Saint-Vincent de Senlis, alors dirigé par M. l'abbé Bessières.

Quoique l'abbé Maillard eût, dans cette mutation, la consolation de se trouver replacé sous la direction d'un ecclésiastique respecté, dont il avait été, dans sa jeunesse, le collaborateur et l'ami, nous ne sommes ici qu'historiens sincères en disant que cette translation lui fut extrêmement pénible, et que ce ne fut pas sans un douloureux déchirement de cœur, que dissimulait sa soumission parfaite, qu'il s'éloigna de cette maison de Saint-Lucien où il avait passé les dix-huit dernières années, et de la Société académique où il avait lié des amitiés dont le souvenir nous sera toujours cher.

Monseigneur l'Evêque, qui avait compris tout ce que cette séparation avait coûté au cœur aimant de notre regretté confrère, s'empressa de chercher les moyens de le rappeler auprès de nous, et, après quelques tentatives infructueuses pour lui procurer, à Beauvais, des fonctions compatibles avec l'état toujours de plus en plus fâcheux de sa santé, prit le parti de l'attacher à sa personne en qualité de secrétaire intime. Monseigneur l'Evêque le chargea en même temps de la direction de l'œuvre des Bons Livres, restée vacante par la mort de l'abbé Pinart, qui en avait été le fondateur.

C'est ainsi que l'abbé Maillard nous fut rendu au mois d'avril 1855. Vous vous rappelez encore la douce joie que nous causa son retour, et le bonheur qu'il exprimait lui-même, en se retrouvant entouré de confrères qu'il aimait et dont il était aimé, pour reprendre les études qui avaient toujours fait le charme de sa vie, avec l'espoir de ne plus en être détourné. Douces et innocentes espérances qui ne devaient pas tarder à être si cruellement déçues !

Revenu au centre de ses travaux chéris, l'abbé Maillard s'empressa de prendre une part active aux études qui occupaient le plus vivement la Société au moment de son retour, et qui, par une heureuse coïncidence, rentraient précisément dans le cercle d'idées qui attirait alors ses propres méditations. Depuis quelques années, l'Ichtyologie avait surtout fixé son attention. Il trouvait un intérêt tout particulier à étudier cette partie, encore peu explorée de la science, et s'occupait avec ardeur de rechercher et de réunir en collection toutes les espèces de poissons qui peuplent les cours d'eau de notre département. On se rappelle le savant mémoire qu'il lut à l'une de nos séances sur les mœurs d'une de ces espèces, et plusieurs observations séparées dont il nous donna successivement communication. L'abbé Maillard se trouvait ainsi tout disposé à faire l'application des connaissances qu'il avait acquises sur cette matière, lorsque le conseil général de l'Oise, dont l'attention avait été attirée sur ce terrain par l'heureuse initiative de M. le Préfet, émit un vote formel qui provoquait les essais de pisciculture et leur assurait des encouragements. Secondé d'un de nos jeunes confrères, qui a su depuis conquérir une place honorable dans cette œuvre de progrès, l'abbé Maillard n'hésita point à y consacrer toutes ses connaissances et tout son zèle, et vous savez avec quelle intelligence et quelle assiduité il s'associa aux travaux et aux études que nécessita la fondation de l'établissement de pisciculture que nous possédons à Beauvais.

Une autre entreprise, dictée comme la première par l'amour de la science et le désir de la faire tourner au bien de l'humanité par des applications pratiques, devait obtenir et obtint en effet le concours de l'abbé Maillard. Un savant distingué, notre confrère, dont la haute intelligence se cache sous les formes modestes d'un simple industriel, avait conçu la pensée d'établir, sous les yeux de la Société académique, un observatoire météorologique, pourvu d'un appareil électrique, disposé de manière à enregistrer immédiatement, et sans le concours d'aucun surveillant, tous les phénomènes atmosphériques dont la constatation présentait de l'intérêt. Ce projet, hautement favorisé par une administration éclairée et amie du progrès, est en cours d'exécution et serait achevé, si les exigences de l'exposition universelle et la mise en lumière d'une magnifique invention du même savant n'étaient venues ralentir les travaux de l'observatoire.

L'abbé Maillard prenait une part active à tous ces travaux, et se faisait un plaisir de les éclairer de ses savantes théories, et cependant sa santé allait toujours en déclinant. Les forces physiques trahissaient parfois une ardeur que rien ne pouvait éteindre, et de cruelles souffrances, que nous voyions avec anxiété s'aggraver de jour en jour, nous privaient trop souvent de son encourageant concours et de ses précieux conseils.

Mais là ne se bornait pas l'activité d'un esprit qui avait besoin d'exercice et d'un zèle qui ne se croyait jamais quitte envers le devoir. Les fonctions, en apparence peu assujétissantes, de directeur de l'œuvre des Bons Livres absorbaient la plus forte partie du temps et des pensées de l'abbé Maillard. Il conçut le projet d'ajouter au travail que lui donnaient déjà la recherche et la vérification scrupuleuse des ouvrages destinés à sa collection la composition d'ouvrages nouveaux qui pussent avoir un intérêt spécial pour le diocèse. C'est ainsi qu'il écrivit une *Légende de saint Lucien*, l'apôtre du Beauvaisis, début et spécimen d'une hagiographie diocésaine, qui, à en juger par ce premier ouvrage, promettait une suite de lectures aussi attachantes qu'instructives.

Il profita en même temps de la facilité de ses rapports avec plusieurs des amis qu'il avait dans le monde pour accomplir l'œuvre filiale qui avait fait le rêve de toute sa vie, la recherche et la respectueuse méditation de l'honorable carrière militaire de son père. Le concours d'un homme de cœur, qui n'a jamais failli à aucun genre d'obligeance, M. Auguste de Courcelles, lui procura le bonheur de posséder un relevé, d'une exactitude incontestable, des états de service de son père, extrait des archives du ministère de la guerre (1), et il dut à la bienveillante intervention de M. le vicomte

---

(1) Les états de services de M. Maillard père étaient des plus honorables. Nous en reproduisons ici les traits principaux, qui suffiront pour caractériser cette belle carrière militaire.

Nicolas Maillard était premier clerc de notaire à Beauvais en 1790; il partit en 1791 au nombre des volontaires nationaux du département de l'Oise.

Il fit ses premières armes en 1792, au début des grandes guerres de la

Raudouin, Préfet de l'Oise, le don de la croix d'officier de la Légion-d'Honneur qui avait brillée jadis sur la poitrine de son père.

La santé de l'abbé Maillard se dégradait toujours de plus en plus; mais il opposait aux progrès du mal une énergie morale qui lui en dissimulait la profondeur et qu'aucun obstacle ne pouvait comprimer. Non seulement il s'acquittait, avec une scrupuleuse assiduité, des devoirs qu'il regardait comme la conséquence du titre de chanoine honoraire, mais son zèle cherchait encore au-delà des occasions de se rendre utile et de répondre à cette vocation de dévouement qu'il avait embrassée. Attaché par conscience aux saints devoirs du sacerdoce, il puisait en même temps, dans sa tendre vénération

---

Révolution, et fut nommé, dans cette même année, sergent-major de grenadiers.

En 1793, il fit partie de l'armée du Nord sous les généraux Dumouriez, Dampierre, Custines, Houchard et Jourdan.

Un brillant fait d'armes signala son intrépidité et sa présence d'esprit pendant cette campagne. Entré le premier dans les retranchements d'Ostende, sous le feu des Anglais, il fit mettre bas les armes à la troupe ennemie qui défendait l'ouvrage attaqué.

Il passa, l'année suivante, à l'armée de l'Ouest, et y servit, pendant les années 1794, 1795 et 1796, sous les généraux Tureau, Canclaux et Hoche, et fut nommé, à l'élection, sous-lieutenant de grenadiers, dans la 46ᵉ demi-brigade, le 25 vendémiaire an III (17 octobre 1795).

En 1797, il passa à l'armée de Rhin et Moselle, sous Moreau, et fut dirigé en 1798 sur l'armée qui se formait, sous les ordres du général Bonaparte, pour une expédition en Angleterre.

En 1799, il fut envoyé à l'armée du Danube, sous Masséna, et s'y distingua, le 5 germinal an VII (27 mars 1799), à l'affaire de Stockack, où il rallia quelques soldats, et avec cette poignée d'hommes arrêta les progrès de l'ennemi. Il fut nommé lieutenant de grenadiers le 15 messidor an VII (6 août 1799).

Passé à l'armée du Rhin en 1800, il fut envoyé en Suisse dans l'armée de Masséna, et combattit à la bataille de Zurich le 5 vendémiaire an VIII (27 septembre 1799), où il fut blessé d'un coup de feu à l'œil droit.

En 1802, il fit partie des troupes réunies au camp de Boulogne. Il y fut nommé, par le premier consul, capitaine de grenadiers au 46ᵉ régiment de

pour la mémoire de son père, une sorte d'enthousiasme guerrier qui lui inspira le dessein de suivre notre jeune et brave armée en qualité d'aumônier. Son âme généreuse se complaisait à la pensée de ces saintes et héroïques fonctions, où la sainte mission du prêtre se rapproche par les périls, et se confond par le dévouement avec la noble carrière des armes. Déjà il avait demandé du service sur l'escadre de la Baltique, et sa place était marquée sur une des frégates qui ont pris part à la campagne de 1854, lorsque les instances de ses amis et le retour que leurs sages conseils lui firent faire sur l'état, trop méconnu par lui, de sa déplorable santé, le décidèrent

---

ligne, le 26 messidor an XI (17 août 1803), et bientôt après embarqué, par l'ordre du général Vandamme, sur un bâtiment faisant la croisière dans la Manche.

Le 25 prairial an XII (4 juin 1804), il fut nommé membre de la Légion-d'Honneur.

En 1805, il prit part à la campagne d'Austerlitz, et en 1806 à la campagne de Prusse et de Pologne.

L'année suivante, à la bataille d'Eylau (8 février 1807), il soutint, seul contre deux cavaliers et six fantassins russes, un combat acharné, dans lequel il reçut onze coups de sabre et dix coups de baïonnette, mais dont il sortit vainqueur après avoir tué de sa main deux des assaillants.

Le 10 juin 1807, au combat de Heilberg, il commanda pendant toute l'action, quoique simple capitaine, le 46ᵉ régiment de ligne.

Le 12 juillet, il fut nommé capitaine aux chasseurs à pied de la vieille garde.

Passé à l'armée d'Espagne en 1808, il en fut rappelé pour la campagne d'Autriche en 1809.

Nommé deuxième chef de bataillon au 2ᵉ régiment des conscrits-chasseurs à pied de la garde impériale, en 1810, et envoyé en Espagne avec ce corps. Il passa, en 1811, second chef de bataillon au 4ᵉ régiment de chasseurs-voltigeurs à pied de la garde.

La même année, il fut promu au titre de Chevalier de l'empire.

En 1812, il partit pour la Russie avec le grade de premier chef de bataillon au 2ᵉ régiment de chasseurs à pied de la vieille garde, et fut nommé officier de la Légion-d'Honneur le 8 juillet 1812.

Mort à Elbing le 12 janvier 1813.

à renoncer, à son grand regret, à la nouvelle carrière où l'entraî-
nait son zèle. L'événement n'a pas tardé à montrer combien il se
faisait illusion en se croyant encore la force de faire comme aumônier une pénible campagne de mer.

Ses souffrances allaient toujours croissant, et il lui devenait de
plus en plus difficile de trouver des aliments qui ne vinssent pas les
aggraver. L'affection du foie qui le minait sourdement s'était enfin
manifestée avec ses symptômes les plus alarmants, et cependant on
entendait chaque jour sa voix s'élever de l'autel pendant l'office
canonial ; chaque jour il formait de nouveaux projets pour le développement de notre Société, pour le classement de nos collections
scientifiques, pour l'avancement de toutes nos études. Plus d'une
fois, malgré d'atroces souffrances, nous l'avons vu se traîner jusqu'aux portes de cette enceinte, et ne renoncer au bonheur de se
trouver encore une fois avec vous que lorsqu'il lui était bien dé-
montré que ses forces ne répondaient plus à son courage.

L'heure fatale avait sonné. Dès les premiers jours du mois de
février 1855, l'abbé Maillard sentit lui-même que la force morale ne
peut pas toujours suppléer à celles du corps. Forcé de s'aliter, il
reçut avec autant de soumission que de reconnaissance, mais sans
espoir de guérison, les soins intelligents et affectueux d'un de nos
collègues, dont malheureusement la science était interrogée trop
tard. Sans se décourager toutefois à la vue des effrayants progrès d'un mal invétéré, le docteur Emile Bordes employa toutes les
ressources de la médecine et tout le zèle d'un cœur dévoué pour
combattre la redoutable maladie sous laquelle succombait notre
ami. Un instant on put espérer quelque succès de la médication
vigoureuse opposée aux progrès du mal. Mais notre pieux ami
ne se faisait pas illusion, et, sans repousser en rien les efforts
éclairés de la médecine, il ne dissimulait pas le peu de confiance
qu'il conservait. Un de ceux qui l'entouraient lui adressant une
question sur les effets qu'avait pu produire l'emploi d'un dérivatif
énergique, il lui répondit avec cet esprit profondément chrétien
qui n'a cessé d'inspirer sa vie entière : « Maintenant, c'est de l'âme
seulement qu'il faut m'occuper. » Parole simple mais touchante, qui
caractérise la foi vive et la résignation chrétienne de cet excellent
prêtre, dont les dernières paroles et la fin édifiante ont si bien
couronné l'apostolat.

La Société académique tout entière a voulu assister aux funérailles de l'abbé Maillard. Elle a montré par là combien elle sentait vivement l'étendue de la perte qu'elle venait de faire, et combien sera toujours précieux pour elle le souvenir d'un des hommes qui ont le plus puissamment concouru à sa fondation et à ses progrès.